DIESES BUCH GEHÖRT

finns books

AF186064

____

COVERDESIGN VON: FINN AVERY
ILLUSTRATION VON: FINN AVERY

ISBN 978-3-384-07820-9

DRUCK UND DISTRIBUTION IM AUFTRAG DES AUTORS:
TREDITION GMBH, HEINZ-BEUSEN-STIEG 5, 22926 AHRENSBURG, GERMANY

FSC
www.fsc.org
MIX
Papier | Fördert
gute Waldnutzung
FSC® C083411

Zeitfracht Medien GmbH
Ferdinand-Jühlke-Straße 7
99095 Erfurt, Deutschland
produktsicherheit@kolibri360.de